expresiónyfuncionalidad

edición · **edition**

Fernando de Haro · Omar Fuentes

autores . authors Fernando de Haro & Omar Fuentes **diseño y producción editorial . editorial design & production** AM Editores S.A. de C.V. **dirección del proyecto project managers** Valeria Degregorio Vega y Tzacil Cervantes Ortega **coordinación . coordination** Edali Nuñez Daniel, Susana Madrigal Gutiérrez e Irma Alonso Moncada **corrección de estilo . copy editor** Abraham Orozco González **traducción . translation** WordGate Translations.

Interiores Mexicanos "Expresión y Funcionalidad" Interiors "Expression and Functionality" © 2008, Fernando de Haro & Omar Fuentes

AM Editores S.A. de C.V. Paseo de Tamarindos 400 B, suite 102, Col. Bosques de las Lomas, C.P. 05120, México, D.F. Tel. 52(55) 5258 0279, Fax. 52(55) 5258 0556. ame@ameditores.com www.ameditores.com
ISBN 13 Español 978-970-9726-93-0   ISBN 13 Inglés 978-970-9726-94-7. Impreso en China / Printed in China.

Ninguna parte de este libro puede ser reproducida, archivada o transmitida en forma alguna o mediante algún sistema, ya sea electrónico, mecánico, de fotorreproducción sin la previa autorización de los editores.

All rights reserved. No part of this book may be reproduced or copied in any form or by any means graphic, electronic, or mechanical, including scanning, photocopying, photographing, taping, or information storage and retrieval systems -known or unknown- without the explicit written permission of the publisher(s).

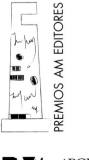

PREMIOS AM EDITORES

ARQUITECTOS EDITORES MEXICANOS

contenido contents

introducción . introduction 11

mariangel álvarez y covadonga hernández **21**

juan carlos aviles iguiniz **37**

félix blanco martínez **45**

alejandro coeto g. y salvador nava v. **53**

fernando de haro, jesús fernández, omar fuentes

y bertha figueroa **61**

gina diez barroso de franklin **69**

alejandro garzón y alberto torres **77**

maribel gonzález, blanca gonzález

 y avelino gonzález **85**

marco polo hernández b. y leonor mastretta r. **101**

mónica hernández sadurní **109**

alfonso lópez baz y javier calleja **117**

juan salvador martínez y luis martín sordo **125**

gina parlange pizarro **133**

alejandra prieto y cecilia prieto **141**

antonio rueda ventosa **149**

javier valenzuela, fernando valenzuela
y guillermo valenzuela **157**

andrea vincze **165**

directorio . directory **173**

colaboradores . collaborators **182**

introducción *introduction*

La vida moderna nos obliga a actuar, trabajar y vivir de prisa. Por esa razón es muy importante, al final de la jornada, llegar a un lugar donde podamos relajarnos y gozar un espacio con la familia y los amigos. Como respuesta a la vida agresiva y violenta, buscamos vivir en un ambiente de serenidad y belleza, rodeados de muebles cómodos, objetos bellos, espacios bien planeados que funcionen de acuerdo con nuestro estilo de vida, que nos proporcionen sensaciones agradables y se conviertan en refugios felices. Tenemos la necesidad de crear un espacio pero no siempre sabemos por dónde empezar, cuál es el estilo que nos va a hacer sentir bien, ni exactamente qué ambiente queremos lograr.

AM Editores nos da la oportunidad de conocer el gran talento que existe en este país y encontrar ideas para lograr el espacio que queremos. El ser humano siempre ha tenido talento para crear belleza: es sorprendentemente imaginativo y su reto ha sido siempre innovar sin dar la espalda a lo anterior, usando los materiales maravillosos con que cuenta y desarrollando nuevos diseños. Las casas son lugares místicos donde cada dueño y cada diseñador imprimen su personalidad y talento. Son lugares privados, acogedores, armoniosos, algunos muy simples y modernos, otros ornamentados con un cúmulo de herencias, pero siempre aportando ideas interesantes.

Este libro, igual que los anteriores que ha publicado AM Editores, nos invita a hacer un viaje mágico donde conoceremos lo que se está gestando en el mundo del diseño y las tendencias actuales tanto en nuestro país como en el mundo. Todos los estilos, todas las tendencias, son importantes y su conocimiento nos enriquece. Al recorrer las páginas de este libro podremos constatar la enorme importancia del trabajo de AM Editores al dar a conocer, al país y al mundo, a los protagonistas dentro del interiorismo y los nuevos talentos que surgen año con año.

Seguramente los lectores de este libro se sentirán inspirados y gozarán de estos espacios, logrados con mucho talento y creatividad.

Alejandra Prieto y Cecilia Prieto **Dupuis**

The modern world forces us to act, work and live in haste. This is why it is really important to come home to a place at the end of the day where we can relax and enjoy the space with family and friends. In response to our aggressive and brutal world, we seek to live in a serene and beautiful ambience, surrounded by comfortable furniture, beautiful objects and well-organized spaces in line with our lifestyle, all of which inspire pleasant sensations and transform into joyous refuges. We have the need to create a space but we don't always know where to start, which style will make us feel good, nor exactly what type of ambience we want to achieve.

AM Publishers provides us with the opportunity to get to know the grand talent that exists in our country and discover ideas to achieve the space that we desire. Man has always had the talent to create beauty. Man is surprisingly imaginative and his goal has always been to innovate without turning his back on the aspects mentioned above, using marvelous materials in his possession and developing new designs. Homes are mystical places in which each owner and each designer engrave their personality and talent. They are private, welcoming, harmonious places; some very simple and modern, others decorated with an accumulation of legacies, but they always bestow interesting ideas.

This book, akin to past works published by AM Publishers, invites us to take a magical voyage where we will learn about the creations in the world of design and today's trends both in our country and around the world. All styles and all trends are important and learning about them enriches us. Upon leafing through the pages of this book, we realize the enormous importance of the work of AM Publishers, who inform the country and the world about the professionals in interior design and the new talents that emerge year after year.

Beyond all doubt, the readers will feel inspired and enjoy these spaces achieved with great talent and creativity.

Alejandra Prieto and Cecilia Prieto **Dupuis**

p.p. 4 - 7
Alfonso López Baz y Javier Calleja
fotógrafo • photographer. héctor velasco facio

p.p. 9 y 16
Mariangel Álvarez y Covadonga Hernández
fotógrafo • photographer. héctor velasco facio

p.p. 11, 18 y 19
Javier Valenzuela, Fernando Valenzuela y Guillermo Valenzuela
fotógrafo • photographer. fabiola menchelli

p. 12
Andrea Vincze
fotógrafo • photographer. jaime navarro

p.p. 14 - 15
Mónica Hernández Sadurní
fotógrafo • photographer. angelo de stefani h.

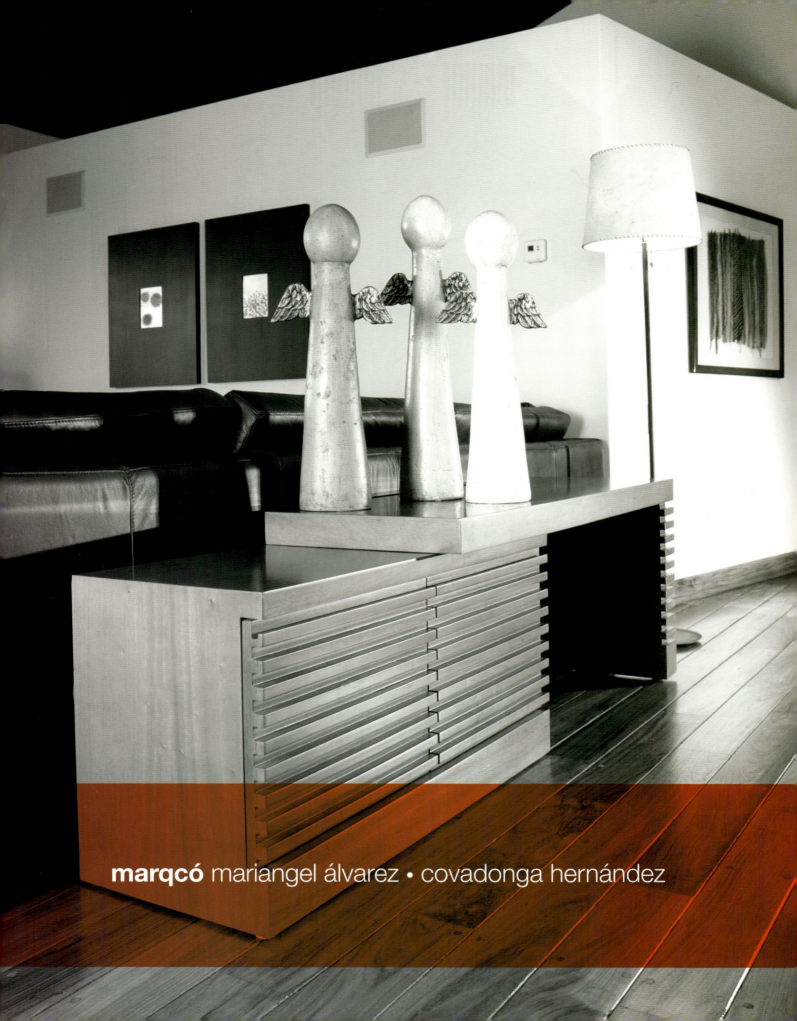

marqcó mariangel álvarez • covadonga hernández

Mariangel y Covadonga, creadoras del concepto MarqCó, son las responsables de todo lo que se diseña en la firma. Para ello, cuentan con la colaboración de un experto equipo de profesionales para brindar un cuidadoso servicio y atención al exclusivo mercado que atienden. Hoy, con más de una década de experiencia, MarqCó sigue siendo una firma comprometida con el diseño y la calidad, en constante búsqueda de ideas nuevas que enriquezcan cada proyecto.

Mariangel and Covadonga, the creators of the MarqCó concept, are the head designers of the firm. They work in collaboration with a team of professionals to offer quality customer service in the exclusive market they target. Today, with over a decade of experience, MarqCó continues to be a firm that is committed to design and quality, constantly seeking new ideas to enrich each project.

casa bosque real

"En MarqCó siempre buscamos dar a cada cliente lo que necesita, nos interesa conocer a fondo sus gustos, costumbres y estilo de vida, para lograr realizar la casa de sus sueños. Para nosotros es un privilegio colaborar con la ilusión de una familia para lograr los espacios ideales para su hogar. El trabajo en equipo entre arquitectos, usuarios y diseñadores es indispensable para obtener un buen resultado en el diseño."

"At MarqCó, we always seek to give our clients what they need. We are interested in getting to know the clients' tastes, customs and lifestyle, in order to realize the house of their dreams. For us, it is a privilege to work with the family's dreams to create ideal spaces for their home. The team work amongst architects, users and designers is essential to obtain good results in design."

fotógrafo • photographer. héctor velasco facio

casa valle escondido

Se buscó crear innovación y evolución en el diseño, colores y texturas, además de mezclar estilos, para dar carácter y personalidad a este proyecto.
De líneas sencillas, pero de grandes contrastes entre los materiales, el proyecto se realizó al gusto de quienes la habitan.

We sought to create innovation and evolution of design, colors and textures, in addition to combining various styles, bringing personality and character to this project.
Embracing simple lines yet great contrast in the use of the materials, the project was created according to the clients' taste.

fotógrafo • photographer. héctor velasco facio

casa valle de bravo

Entender el entorno donde estará ubicada la casa es el primer paso, además de comprender la personalidad de los habitantes, para lograr armonía en el diseño. "En MarqCó nos comprometemos a diseñar de la mano de cada cliente para llegar al proyecto deseado. Nos enriquecemos como profesionales gracias a la experiencia de trabajar en equipo."

The first step is to fully understand the surroundings of the area in which the house will be built, as well as the personalities of its future inhabitants, in order to create harmony in the design. "At MarqCó, we are committed to designing hand in hand with each client to give shape to the desired project. We complement each other thanks to our experience working as a team of professionals."

fotógrafo • photographer. héctor velasco f.

"Arquitecto por vocación, disfruto mi trabajo y mi principal inspiración es la naturaleza. Busco combinar belleza, comodidad y estilo con profesionalidad, logrando diseños únicos y armoniosos. En mi trato con cada persona, busco crear una relación de armonía, donde pueda conocer mejor sus necesidades, prioridades y deseos, para que todos disfrutemos del proceso de construcción. Me gusta ser minucioso en encontrar la entrada de la luz, la ubicación de las ventanas, la jardinería, armonía en los colores de los muros, las maderas, las piedras o caídas de agua. Desde niño, como testigo de la magia en la arquitectura de mi padre, disfruto el gusto por la construcción."

"As an architect by profession, I enjoy my work and nature is my primary inspiration. I look for beauty, convenience and style with professionalism to achieve unique and harmonious designs. When dealing with each client, I seek to create a harmonious relationship so that I can fully understand their needs, priorities and wishes; so that we can both enjoy the construction process. I like to be meticulous in terms of natural light penetration, the location of windows, the garden; finding harmony in the colors of the walls, wood, stone or waterfalls. Witness to the magic of my father's architecture, since I was a child I have always taken pleasure in building."

casa tabachines

En cada proyecto busco lograr espacios bien resueltos, interpretando las necesidades del cliente, con quien trabajo en forma personalizada para lograr orden y lógica en su proyecto.

For each project, I seek to create well-organized spaces. Interpreting their needs, I work closely with the clients in an effort to achieve order and logic in the structure.

fotógrafo • photographer. alejandro giribet

Disfruto de la belleza, hago mío cada proyecto y busco la excelencia como distintivo personal, porque me apasiona crear espacios y plasmar en ellos mi potencialidad y mi creatividad en conjunto con mi cliente.

I enjoy beauty, and make each project my own in a search for excellence as a personal distinctive element, because I am passionate about creating spaces and embodying my potential and creativity in collaboration with my clients.

fotógrafo • photographer. alejandro giribet

casa framboyanes

félix blanco arquitectos félix blanco m.

La inquietud de Félix Blanco y su equipo de colaboradores, entre ellos, arquitectos, ingenieros y diseñadores, es lograr espacios armónicos basados en un equilibrio de luz, color, textura y temperatura, creando ambientes que vayan más allá de las expectativas de sus clientes, cuidando el entorno del proyecto y utilizando preferentemente materiales naturales que permitan que sus obras envejezcan dignamente.

Gracias a la experiencia de su trayectoria, Félix Blanco ha encontrado la perfecta comunión entre lo clásico y lo contemporáneo. Un estilo ecléctico, con un diseño de arquitectura y de interiores, único.

Félix Blanco, with the help of his team of architects, engineers and designers, strives to produce harmonious spaces based on a balance of light, color, texture and temperature in order to create ambiences that go beyond the expectations of his clients, respecting the surrounding area and preferably with the use of natural materials, which allow his works to age gracefully.

In view of his professional experience, Félix Blanco has discovered the perfect union between classical and contemporary. He has established an eclectic style based on unique architectural and interior design.

casa sosa coyoacán

Ubicado en uno de los barrios mas carismáticos de la ciudad de México en una superficie superior a 6000 m² de jardines centenarios se desarrollo un proyecto residencial en un solo nivel, logrando una convivencia armónica de la arquitectura y el entorno.

Located in one of the most charismatic neighborhoods of Mexico City, on a patch of land extending over 6,000m² and overflowing with ancient gardens, this residential project was developed on a single level, creating a harmonious balance between its architecture and the surrounding area.

fotógrafo • photographer. luis gordoa

El proyecto se desarrollo con materiales naturales que dan atemporalidad a la obra siendo difícil definir el tiempo en la misma, el diseño no copia la arquitectura propia de la zona, aportando un estilo propio.

The project was built using natural materials, which exude a feeling of timelessness, making it difficult to pinpoint the era in which it was erected. Heralding its own unique style, the design differs from the typical architecture of the region.

coeto+nava arquitectos salvador nava • alejandro coeto

El despacho Coeto+Nava Arquitectos, nace bajo la misión de que cada proyecto deberá brindar funcionalidad y placer al usuario en su vida diaria, y al mismo tiempo reflejar las características únicas de este; es una fusión generacional de arquitectos y de diseñadores de interiores especialistas en el diseño de espacios, ideas complementadas por la experiencia y la búsqueda de expresiones contemporáneas que satisfagan las necesidades del cliente. "Vemos la arquitectura como una forma de vida, en donde el interminable flujo de datos nos lleva a la solución y conclusión de cada proyecto." Un estilo contemporáneo, limpio y sencillo donde los propios materiales se expresan por sí solos.

The mission of Coeto+Nava Arquitectos is to offer functionality and pleasure in the daily routine. Striving to reflect the unique characteristics of its clients, the firm represents a fusion of architects and interior designers from different generations, who are specialists in designing spaces. Their complementary ideas through experience and the search for contemporary expression satisfy the needs of their clients. "We see architecture as a way of life, in which the constant flow of information leads us to the solution and conclusion of each project." A contemporary, clean and simple style in which the materials alone express themselves.

departamento torre altus

La iluminación, el agua y las distintas maderas enriquecen el entorno del departamento y dan cabida a espacios confortables, en un ambiente cálido, pero al mismo tiempo fresco y relajante. Muros móviles permiten ampliar la visual de los espacios, descubriendo nuevas cualidades y escalas.

The lighting, water and various types of wood enrich the area surrounding the apartment and provide the finishing touch to these comfortable spaces, in a warm but fresh and relaxing atmosphere. In discovering new ways and scales, movable walls are introduced to amplify the visual landscape.

fotógrafos • photographers. rodrigo occelli nava y alejandro montes becerra

departamento tamarindos

Soluciones flexibles que respetan el concepto de planta libre, fraccionadas con elementos móviles de distintas épocas y materiales. Espacios sobrios y elegantes que juegan un papel importante y no compiten con las obras de arte y el mobiliario.

Flexible solutions were implemented based on creating a free structure divided by movable elements from different eras and made from various materials. These sober yet elegant spaces play an important role and harmonize well with the works of art and furniture.

fotógrafos • photographers. rodrigo occelli nava y alejandro montes becerra

abax
fernando de haro • jesús fernández • omar fuentes • bertha figueroa

En el quehacer cotidiano de Abax, se percibe una adecuada resolución e integración de los espacios interiores y exteriores, así como un certero manejo de la luz natural y la optimización de las vistas, entre otros elementos, porque son el resultado de un minucioso estudio de la arquitectura de interiores que la firma lleva a cabo para el diseño de cada espacio habitable.

Dicho análisis nos mantiene en una continua búsqueda de soluciones estéticas e innovadoras, con materiales y tecnología actuales, que interactúen adecuadamente con las necesidades de nuestros clientes.

Deseamos que al final del camino cada proyecto nuestro promueva el bienestar y confort de nuestros clientes porque sin ellos no tendríamos oportunidad de crecimiento.

The daily business of Abax includes, among other elements, the optimum resolution and integration of interiors and exteriors, the confident handling of natural light and the optimization of views. All of these are the result of the firm's meticulous study of interior architecture for the design of each habitable space.

This analysis leads to a continuous search for esthetic and innovative solutions using current materials and technology that adequately interact with the needs of customers.

In the end, we want each of our projects to promote the wellbeing and comfort of customers because without them we would not have the opportunity to grow.

casa bosques de santa fe

Por su ubicación, la Casa Bosques de Santa Fe, goza de una gran vista y un soleamiento inmejorable, que a través de los grandes ventanales y su combinación con las texturas, colores y las sensaciones de los materiales seleccionados para el diseño, generan espacios de gran intimidad y calidez.

Owing to its location, the Casa Bosques de Santa Fe, enjoys a grand view and excellent sun exposure, which, through its large windows and the combination of textures, colors and the sensation of the materials selected for its design, create warm and highly intimate spaces.

fotógrafo • photographer. héctor velasco facio

Buscando mantener la volumetría original de la casa, el proyecto arquitectónico para su remodelación reincorpora el uso de la luz natural, la interacción entre los espacios exteriores e interiores, el uso de elementos de agua y la reconfiguración de los espacios para generar amplias áreas de líneas claras y finas texturas.

In a search to preserve the original structure of the house, the renovations reincorporate the use of natural light, the interaction between the interior and the exterior, the use of water and the restructuring of the space to create wide areas based on clean lines and fine textures.

fotógrafo • photographer. héctor velasco facio

casa palermo

En 1990, Gina Diez Barroso de Franklin funda el Grupo Diarq, que ha crecido hasta contar hoy con más de 100 empleados y con oficinas tanto en la ciudad de México como en La Jolla, California. Bajo su dirección, el grupo ha realizado más de 500 proyectos, fundamentalmente de su especialidad que son los desarrollos residenciales, oficinas corporativas y hoteles, todos ellos de gran nivel. El grupo cuenta con arquitectos y diseñadores que dominan diferentes estilos para adaptarse a las necesidades de cada cliente. Su intención es crear ambientes de alto diseño que trasciendan.

In 1990, Gina Diez Barroso de Franklin founded Grupo Diarq, which has grown to the extent that it currently employs over 100 people and has offices in Mexico City as well as La Jolla, California. Under her management, the group has undertaken more than 500 projects, mainly in its fields of specialty, which are residential developments, corporate offices and hotels, all of great stature. The group has architects and designers that specialize in different styles to adapt to the needs of each client. Their aim is to create transcendental and high quality environments.

residencial lomas II

Diarq se distingue por un estilo clásico contemporáneo que logra que los usuarios disfruten de un ambiente de elegancia y calidez.

Diarq is distinguished for its classic contemporary style, allowing their users to enjoy an ambience based on elegance and warmth.

fotógrafo • photographer. alejandro catala

Con la limpieza de su estilo logra que el cliente se incorpore al tipo de vida práctica que exige la modernidad y con la integración de la decoración y los elementos arquitectónicos, la armonía entre el mobiliario, los colores, las texturas y la iluminación, lograr crear espacios únicos que responden satisfactoriamente a las exigencias de las preferencias y al desarrollo de la vida diaria de sus clientes en un ambiente placentero.

With the purity of its style, the company offers the users a practical lifestyle that the modern world demands. Diarq produces unique spaces in a peaceful ambience through the introduction of decorative and architectural elements and the creation of harmony among the colors, textures, lighting and furniture, all of which meet the expectations, preferences and development of the day-to-day lives of its users.

g+a estudio de arq. y diseño alejandro garzón • alberto torres

G+A Estudio de Arquitectura y Diseño, creado por Alejandro Garzón Abreu en 1989, ha realizado proyectos y obras de carácter comercial, habitacional, industrial e institucional, y ha participado en numerosas conferencias en el aspecto teórico del diseño. Su objetivo es proponer una arquitectura de alto impacto formal a través de los elementos que la constituyen como los muros, plafones, luces, escultura, pintura y arte objeto, a fin de construir un texto visual que evoque en el usuario una experiencia estética, que contribuya al reencuentro del asombro, el goce de la simplicidad y la reflexión. Una arquitectura donde el espacio interior funcione como escenario para descubrir y para comunicarse con otros.

G+A Estudio de Arquitectura y Diseño (G+A Architecture and Design Studio), created by Alejandro Garzón Abreu in 1989, has done commercial, residential, industrial and institutional projects and works, and has participated in numerous lectures on design theory. Its purpose is to propose high-impact architecture with respect to form and the elements that compose it, such as walls, ceiling tiles, lights, sculpture, paint and object art, constructing a visual text that evokes an aesthetic experience in the user that contributes to the rediscovery of astonishment, the joy of simplicity and reflection. It is architecture in which interior space works as a stage for discovery and communication with others.

departamento romanza

La sobriedad del conjunto se logra mediante el uso de la menor cantidad de materiales en acabados, como el mármol blanco perlino y la duela de encino americano para agregar calidez a las áreas privadas; en los muros predomina el fondo neutro a base de yeso, los acentos de textura están dados con cantera Galarza y el color con recubrimiento de piel en tonos de tierra.

The sobriety of the ensemble is achieved through the use of fewer materials, such as white pearl marble and oak hardwood floors, which add warmth to the private rooms. The neutral plaster foundation covers most of the walls, which are accented by the Galarza quarry stone in terms of texture and by the earth-tone leather coverings in terms of color.

fotógrafo • photographer. alfonso de béjar

El principal objetivo de este proyecto fue crear un espacio moderno, luminoso, confortable y amplio para una familia joven, conjugando los materiales con la luz y contrastando con la madera oscura de los muebles y el resto de la carpintería. La iluminación juega un papel importante en la creación de ambientes, según la ocasión.

The main objective of this project was to create a modern, luminous, comfortable and wide space for a young family, combining the materials with light and creating contrast with the dark wood of the furniture and the rest of the woodwork. Lighting plays an important role in creating ambience and the intensity of which depends on the occasion.

covilha maribel gonzález • blanca gonzález • avelino gonzález

Desde sus inicios, la firma Covilha se ha caracterizado por su capacidad para emprender el desarrollo de grandes proyectos, que van desde el concepto arquitectónico de los espacios hasta el último detalle de los acabados para habitar un hogar con buen gusto. Su trabajo profesional se distingue por el deseo de innovar y de proponer materiales y diseños de vanguardia, así como por el compromiso de complacer prácticamente todas las necesidades y aspiraciones de sus clientes.

From its very outset, Covilha firm has been characterized by its ability to develop large-scale projects, from the architectural conception of spaces to the very last detail of tasteful home living. Its professional work is distinguished by the desire to innovate and propose avant-garde materials and design, as well as by its commitment to fulfilling virtually every client need and aspiration.

departamento palmas

Espacios con carácter propio, vanguardista, funcional sin dejar de lado las necesidades del cliente. La iluminación, la sencillez y el confort crean un ambiente inigualable.

Avant-garde, functional spaces that have their own unique character that at the same time meet the needs of the client. Lighting, simplicity and comfort create an unparalleled ambience.

fotógrafo • photographer. héctor velasco facio

casa iglesia

Los invitados se sentirán en un escenario formal dentro de un ambiente casual. Espacios luminosos y alegres con muebles de alta calidad que enriquecen la convivencia familiar y la charla con los amigos. Ambiente elegante y desenfadado que invita a apreciar también el arte del pintor.

Guests will feel like they are in a formal setting within a casual ambience. Luminous and pleasant spaces with high quality furniture that enrich family get-togethers and social gatherings among friends. An elegant, uninhibited ambience that invites people to admire the art of the painter.

fotógrafo • photographer. héctor velasco facio

casa lomas

memoria castiza marco polo hernández b. • leonor mastretta r.

Memoria Castiza es una empresa apreciada por la exquisitez de sus creaciones en muebles sobre diseño. Actualmente cuenta con salas de exhibición en Puebla, México, Los Cabos, Puerto Vallarta, Acapulco y Villahermosa entre otros.

"En nuestros muebles se pueden palpar los materiales naturales, se puede observar la fluidez de las formas y la precisión de los ensamblados y acabados. Nuestra colección se ha ido transformando y evolucionando a lo largo de los once años de vida de nuestra empresa, buscando siempre la innovación y originalidad." Ligera, sensual, envolvente; la colección Memoria Castiza es el deseo satisfecho.

Memoria Castiza is a company known for the exquisiteness of its designer furniture. Currently, the firm has showrooms in Puebla, Mexico City, Los Cabos, Puerto Vallarta, Acapulco and Villahermosa, among others.

"People can feel the natural materials of our furniture; see the flowing lines of our forms and the precision of structures and finishings. Over the course of the eleven years of the company's history, our collection has transformed and developed." Light, sensual, embracing: the Memoria Castiza collection is a satisfied desire.

casa jaukens

El mobiliario diseñado por Memoria Castiza, de acuerdo con las necesidades de nuestros clientes, logra una relación entre el espacio y las tareas para las que ha sido destinado, creando espacios de gran riqueza estética y funcional.

The furniture designed by Memoria Castiza, according to the needs of our clients, succeeds in building a link between the space and the use for which it is destined, giving birth to highly aesthetic and functional spaces.

fotógrafo • photographer. rolando white

casa orión

"En Memoria Castiza trabajamos con los sueños… son nuestro punto de partida para diseñar espacios confortables, elegantes y acogedores para cada estilo de vida."

"At Memoria Castiza, we work with dreams, our point of departure in designing comfortable, elegant and welcoming spaces for all lifestyles."

fotógrafo • photographer. rolando white

ecléctica diseño mónica hernández sadurní

Al comprender que nada en la vida es absoluto, Mónica Hernández Sadurní, a lo largo de los años ha madurado el concepto de diseño ecléctico, equilibrando la variedad de estilos y de tiempos; esta armonía logra conjuntar ambientes que pueden ser serios, elegantes, divertidos o tranquilos, reflejando las diversas personalidades de quienes habitan esas moradas.

Son ahora, piensa Mónica, épocas de rescatar todas las artes que ha generado la humanidad y ponerlas juntas, con respeto y con un profundo sentido del buen gusto, en el mismo espacio.

Upon understanding that nothing in life is absolute, Mónica Hernández Sadurní, over the years has ripened the concept of eclectic design, balancing a variety of styles and eras. This harmony unites serious, elegant, fun or tranquil ambiences, reflecting the different personalities that inhabit these abodes.

Today is a time, thinks Mónica, to rediscover the different arts that humanity has generated, uniting them tastefully and respectfully within the same space.

casa mitikas

Convergencia de los opuestos: sillones de reminiscencia veneciana que ven de reojo a taburetes de líneas limpias y serenas, dan fe de la armonía que se puede lograr con el diseño ecléctico cuando su ensamble es justo. De ahí el nombre de Ecléctica Diseño que logra estos ambientes.

The joining of opposites: Venetian reminiscent armchairs and the pure and serene lines of the stools both illustrate the harmony that can be achieved in eclectic design when the ensemble is well-balanced. Ecléctica Diseño, creates such ambiences.

fotógrafo • photographer.
angelo de stefani hernández

Este interior, es la estampa de la esencia de sus moradores en conjunción con el equilibrio de estilos, materiales, texturas, colores y formas, que ya de suyo poseen empaque y carácter, transformando así los espacios en algo sui géneris.

This interior, hinges on the essence of the dwellers in conjunction with the balance of styles, materials, textures, colors and forms, contributing to the presence and character of the space, transforming it into sui generis.

grupo lbc alfonso lópez baz • javier calleja

Una de las preocupaciones del Grupo LBC, conformado por Alfonso López Baz y Javier Calleja, es la de entender el carácter, la personalidad y los gustos de cada cliente, para, una vez definido el programa, lograr un resultado que haga realidad estas aspiraciones. Esto se complica aún más, cuando el cliente es uno de los socios de este grupo. Pudiera pensarse que el programa de necesidades esta más claro que muchos otros, y que el gusto es conocido y los conceptos de estilo de vida están presentes en la intención; sin embargo, jugar los dos papeles, cliente y arquitecto, complica el escenario.

One of the main concerns of Grupo LBC, directed by Alfonso López Baz and Javier Calleja, is to understand the character and personal tastes of each client, to ensure that once the project is defined, their aspirations can be made a reality. This is only further complicated when the client is one of the partners of the group. One might think that their needs are clearer than those of others, and that their tastes and concept of lifestyle are known; however, juggling two roles—the client and the architect—complicates the scenario.

departamento en península

En el concepto general, los espacios se suman para dar amplitud visual o intimidad, en algunos casos. La interacción de estos se apoya también en la unión de algunos elementos arquitectónicos, como mamparas corredizas o persianas verticales de grandes dimensiones.

The general concept is the union of space to give visual depth or privacy, in some cases. The interaction of these is also supported by the union of various architectural elements, such as sliding partitions or large-scale vertical blinds.

fotógrafo • photographer. héctor velasco facio

En el vestíbulo de acceso, las obras de arte dan la bienvenida. En la estancia y el comedor conviven muebles italianos con arte moderno mexicano y antigüedades orientales y en la biblioteca, los libros homogeneizados con una cubierta monocromática, provocan un efecto austero y sencillo.

In the vestibule, visitors are ushered in by works of art. The living and dining rooms are decorated with Italian furniture, modern Mexican art and Asian antiques. The library is filled with books uniform in color, provoking an austere and simple effect.

martínez-sordo luis martín sordo • juan salvador martínez

Después de más de quince años de trayectoria, se ha creado una historia entre lo uno y lo diverso, entre la tradición y la subjetividad, prestando atención a la originalidad, la ruptura, el uso de nuevas tecnologías… el despacho Martínez & Sordo. Son éstas las únicas premisas que habremos de seguir para encontrar un lugar en el mundo del interiorismo. Ha de hacerse de cada proyecto un acontecimiento para ser tomado en cuenta. Nuestra capacidad es fruto de una búsqueda sensible y constante, que mira indistintamente al pasado o al futuro. El interiorismo nace de la experiencia como producto de la imaginación.

After more than 15 years of working in the industry, Martínez & Sordo has built a connection between unity and diversity, tradition and subjectivity, focusing on originality, innovation and the use of new technologies. These are the only premises that are followed in our pursuit to find a niche in the world of interior design. One must make each project an event to be taken into consideration. Our ability is the fruit of a meticulous and constant search that looks to both the past and the future. Interior design is born from experience—a product of the imagination.

departamento frente al bosque

La terraza-bar es totalmente distinta a todo el concepto del apartamento, es un espacio aislado, fuera de contexto, a partir de la cual se formó este proyecto.

The terrace-bar is based on a concept that is completely different from that of the apartment. It is in an isolated space, out of context and was in fact the starting point from which this project took shape.

fotógrafo • photographer. héctor velasco facio

Un apartamento clásico contemporáneo. Decorado con sedas, terciopelos y chenilles. Pasto japonés en los muros, con un color vibrante neutralizando las texturas y el mobiliario trabajado en hoja de oro. Esta combinación hace resaltar las obras de arte de artistas contemporáneos.

A classic, contemporary apartment, decorated with silk, velvet and chenille. The vibrantly colored Japanese-style earthen walls neutralize the textures and gold-leaf furniture. With this combination, the works of art of contemporary artists stand out.

La diseñadora Gina Parlange Pizarro es una incansable buscadora del factor humano en sus proyectos, más allá de estética pura y fría que elimina cualquier rastro de vida. "Las personas se reflejan a través de su gusto por el arte y sus cosas. Es importante saber interpretar el estilo de vida y la personalidad de cada cliente para integrarlo al proyecto de diseño de interiores."

Designer Gina Parlange Pizarro has an insatiable thirst for the human factor, going beyond pure and cold aesthetics, which eliminate all elements of life. "The people are reflected through their tastes in art and their objects. It is important to know how to interpret the lifestyle and personality of each client in order to be able to apply them to projects in interior design."

casa las hamacas

Con una presencia contundente y con gran personalidad, este es un proyecto dinámico y abierto al exterior el cual se une al paisaje del lago dándonos una sensación de estar en la cubierta de un barco.

Having a severe presence and grand personality, this dwelling is part of a dynamic project. Open to the exterior, it unites with the landscape of the lake, giving the sensation of drifting on a boat.

fotógrafo • photographer. jaime navarro

En cuanto al interiorismo se ha realizado un proyecto que incluye piezas étnicas, obras de arte y textiles, integrándolos cuidadosamente entre sí, así como una estudiada selección de muebles, lámparas y soluciones de carácter sobrio, de formas simples en armonía con el resto de las piezas del proyecto, tanto desde el punto de vista decorativo como arquitectónico.

With respect to the interior, the project includes natural and fossilized trunks, works of art and textiles, carefully integrated, as well as a selection of furniture, lamps and sober solutions, having simple forms, in harmony with the rest of the elements of the project, both in terms of decoration and architecture.

dupuis alejandra prieto • cecilia prieto

Con más de treinta años de experiencia, Dupuis es uno de los líderes en el interiorismo mexicano, sin duda por haber creado desde sus inicios un estilo propio que se caracteriza por ser vanguardista, cálido y de buen gusto. El objetivo del concepto es no solamente ofrecer una alternativa en la decoración y diseño de interiores, sino un estilo de vida que reúna lo mejor que México tiene que ofrecer. Aquí, el equipo, logró crear ambientes sencillos y serenos, que incorporan elementos innovadores con la pureza del diseño mexicano. Dupuis refleja en esta muestra solidez por su pasado, combinado con un concepto de permanente renovación y actualidad que no pasa de moda.

Boasting more than thirty years' experience, Dupuis is one of the leading forces in interior design in Mexico, a status it has achieved by creating, from its very outset, its own vanguard, warm and tasteful style. The aim of the concept is not just to offer another option in interior decoration and design, but a whole lifestyle that incorporates the very best that Mexico has to offer. Here, the team managed to create simple and tranquil environments that bring innovative elements together with the purity of Mexican design. In this exhibition Dupuis displays the solidness of its past combined with a concept of constant renovation and modernity that never goes out of fashion.

casa lomas

Esta casa fue diseñada para una familia joven, con niños pequeños, por lo que se seleccionaron materiales resistentes y fáciles de mantener, pero que, al mismo tiempo, fueran capaces de proporcionar el equilibrio con la sobriedad y el colorido que finalmente caracterizan a este proyecto. Para lograr el objetivo se utilizaron materiales como madera de Tzalam, pergamino, tela cubierta con resina en el caso de los muebles, y lino y franela para la tapicería.

This house was designed for a young family with two small children. To this effect, resistant and easy-to-maintain materials were selected, which also create a balance between sobriety and color—two aspects that characterize this project. To achieve these objectives, the architects used materials including Tzalam wood, parchment, resin-covered fabric for the furniture and linen and flannel for the tapestry.

fotógrafo • photographer. arturo chávez

art arquitectos antonio rueda ventosa

Art Arquitectos es una firma concebida para la creación de espacios arquitectónicos y de interiores, fundada en 1990 por el Arq. Antonio Rueda Ventosa, egresado de la Universidad Anáhuac, con un diplomado en Diseño de Interiores por la Universidad Iberoamericana y un diplomado en Mercadotecnia por el ITESM. Desarrolla proyectos residenciales, comerciales y corporativos principalmente. Procura la adaptabilidad de la función del espacio al gusto del cliente; diseños atemporales, versatilidad y flexibilidad en el mobiliario y accesorios, con un manejo inteligente de la iluminación. Tiende al estilo contemporáneo con exaltación en los detalles y el confort. Recientemente abrieron ART architecture & interior design LLC. Filial que ofrece los mismos servicios en la ciudad de Houston, Tx., U.S.A.

Art Arquitectos is a firm dedicated to creating architectural spaces and interior design. The company was founded in 1990 by Architect Antonio Rueda Ventosa, graduate of the Universidad Anáhuac, who has a degree in Interior Design from the Universidad Iberoamericana and a degree in Marketing from the ITESM. The firm develops primarily residential, commercial and corporate projects. It offers adaptability in relation to space according to the tastes of the client, as well as timeless designs, versatility and flexibility regarding furniture and accessories and a clever use of light. Their style tends toward contemporary with a flavor for detail and comfort. Recently, they opened ART Architecture & Interior Design LLC, a subsidiary that offers the same services in Houston, Tx., U.S.A.

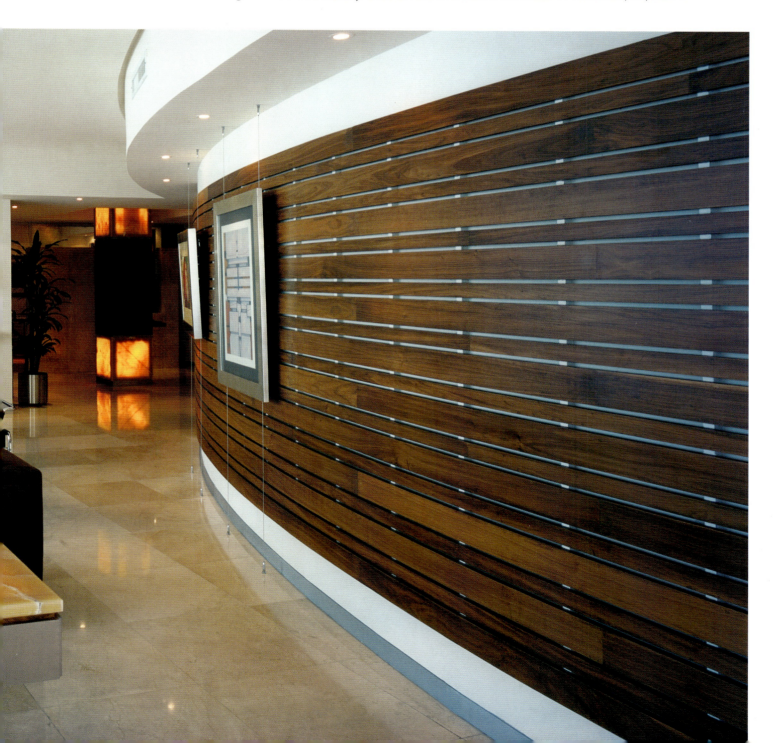

penthouse bosques

Los materiales son sobrios y con pocas combinaciones, predominando la madera en los pisos del área privada. Esta madera hace contraste con los lambrines y muebles de nogal en color natural.

The materials used are sober and simple and harmonize with the dominating wood floors in the private rooms. This wood contrasts beautifully with the wainscoting and natural walnut wood furniture.

fotógrafo • photographer. marisol paredes

En la gran pared curva, que penetra hacia la sala y el comedor, un lambrín hecho a base de tiras de madera de nogal, forma una membrana que parece flotar sobre la pared. El desayunador se abre y se cierra completamente hacia la cocina.

The grand curved wall that penetrates the living and dining room is covered with wainscoting made from walnut wood chips, which form a membrane that appears to be floating along the wall.

terrés javier valenzuela • fernando valenzuela • guillermo valenzuela

Fundada en 1991 por los hermanos Valenzuela, Terrés se ha especializado en el diseño, fabricación y comercialización de muebles bajo sus propios diseños y acordes con los espacios y necesidades de cada cliente. Cada pieza Terrés es cuidadosamente diseñada bajo un concepto elegante y contemporáneo, que se acopla a cualquier estilo arquitectónico. Su propósito es interpretar las aspiraciones y los sueños de cada cliente para traducirlos en muebles de alta calidad, acabados perfectos y siguiendo estrictamente las dimensiones, detalles y accesorios definidos para cada proyecto, aportando soluciones eficientes y creativas para que la casa sea espectacular.

Founded in 1991, by the Valenzuela brothers, Terrés specializes in design, manufacturing and marketing furniture according to the space and needs of each client. Every Terrés piece is carefully designed based on an elegant and contemporary concept, which suits all architectural styles. The objective of the company is to interpret the aspirations and dreams of each and every client, in order to translate them into quality furniture, with perfect finishing touches and in line with the exact measurements, details and accessories defined by each project, building efficient and creative solutions and making the client's home spectacular.

casa sauces

Auténtico y Exclusivo, son palabras que desde sus inicios engloban el significado de la filosofía empresarial que aplica Terrés en cada uno de los muebles que crea, los diseños siempre serán al gusto del cliente, cubriendo sus necesidades de espacio, funcionalidad y originalidad. Será muy difícil encontrar un mueble similar en alguna otra parte.

Authentic and exclusive are words that from the very beginning summarize the company philosophy of Terrés in the production of every single piece of furniture that it creates. The designs always follow the taste of the client, according to their needs in terms of space, functionality and originality. Comparable furniture can be found nowhere else.

fotógrafo • photographer. fabiola menchelli

Su sensibilidad artística y su gran experiencia respecto a la funcionalidad, permiten a Andrea Vincze crear espacios tan acogedores e íntimos como amplios, estéticos y originales. Sabe entender el alma del cliente y le proporciona un universo de posibilidades en diseño de iluminación, combinación de colores y elegancia, sin olvidar las necesidades propias de cada rincón. Eso permite que el usuario tenga diferentes escenarios, según su requerimiento personal.

The artistic sensibility and great experience in terms of functionality, allow Andrea Vincze to create very welcoming, intimate, open, aesthetic and original spaces. It is important to understand the client's wishes, offering him a universe of possibilities in lighting, color combination and elegance, while not forgetting the details of each and every part of the space. This enables the user to have different options, according to their own personal preferences.

loft en polanco

La combinación de elementos clásicos con formas y estructuras modernas, le dan una elegancia sin precedentes y lo convierten en un inmueble atemporal.

The combination of classic elements with modern forms and structures, adds unparalleled elegance, making the space timeless.

fotógrafo • photographer. jaime navarro

departamento en bosques de las lomas

Un original biombo separa el pasillo de mármol de la sala, creando diferentes y acogedoras áreas. El blanco y un toque de color armonizan llenando de vida el lugar. En conjunto se aprecia una delicada obra de arte totalmente funcional.

A unique folding screen separates the marble hallway of the living room, creating original and welcoming areas. The white harmonizes with the touches of color, filling the place with movement. A delicate, and completely functional work of art overall.

fotógrafo • photographer. jaime navarro

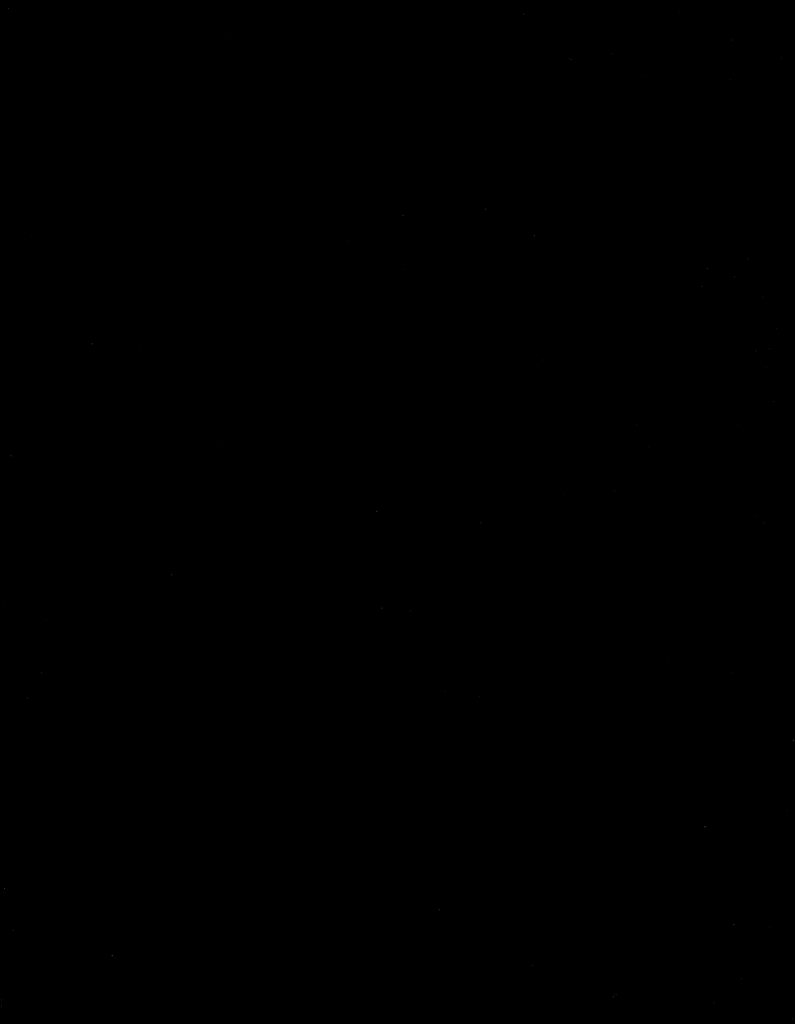

directorio directory

mariangel **álvarez** • covadonga **hernández**
MarqCó
Prado Sur 130, Col. Lomas de Chapultepec, México, D.F.
t. (5255) 5520 1293 / 5520 9560 • covadonga@marqco.com
Revolución 1495, Col. San Ángel, México, D.F.
t. (5255) 5661 9385 / 5668 9789 • mariangel@marqco.com • www.marqco.com

juan carlos **aviles iguiniz**
Juan Carlos Aviles Arquitectos
Nueva Rusia 212 int. 12, Col. Recursos Hidráulicos, Cuernavaca, Mor., 62245
t. (52777) 311 9929 • f. (52777) 311 9930
avilesarquitectos_12@yahoo.com.mx

félix **blanco martínez**
Félix Blanco Arquitectos
Cascada 108, Col. Jardines del Pedregal, México, D.F., 01900
t. (5255) 5568 0104 • f. (5255) 5652 3477
felixbm@prodigy.net.mx • felixbm@felixblanco.com.mx
www.felixblanco.com.mx

alejandro **coeto garcía** • salvador **nava v.**
Coeto + Nava Arquitectos
Mayorga 117-PH, Col. Lomas de Virreyes, México, D.F., 11000
t. (5255) 5540 2535
www.coeto-nava.com.mx

fernando **de haro** • jesús **fernández** • omar **fuentes** • bertha **figueroa**
Abax
Paseo de Tamarindos 400 B-102, Col. Bosques de las Lomas, México, D.F., 05120
t. (5255) 5258 0558 • f. (5255) 5258 0556
abax@abax.com.mx • www.abax.com.mx

gina diez barroso de franklin
Grupo Diarq
Prado Sur 230, 4to piso, Col. Lomas de Chapultepec, México, D.F., 11000
t. (5255) 5520 4404 • f. (5255) 5202 5532
aurorac@diarq.com • www.diarq.com

alejandro garzón • alberto torres
G + A Estudio de Diseño y Arquitectura
Tenantitla 6, Col. Barrio Cuadrante San Francisco, México, D.F.
t. (5255) 5658 4575 / 7292 / 5489 3096 • f. (5255) 5658 3982
g_mas_a@gmx.net • alejandrogarzon@prodigy.net.mx • toscano59@yahoo.com

maribel gonzález • blanca gonzález • avelino gonzález
Covilha
Av. San Jerónimo 397 B, Col. La Otra Banda, México, D.F., 01900
t. (5255) 5616 2500 / 5616 4601
covilha@igo.com.mx

marco polo hernández b. • leonor mastretta r.
Memoria Castiza
Boulevard Atlixcayotl, Puebla, Pue., 72810
t. (52222) 169 7260 / 130 9873 / 74
marcopolo@memoriacastiza.com • www.memoriacastiza.com

mónica hernández sadurní
Ecléctica Diseño
Oficinas Generales: Río Chico 32, Col. Puente Colorado, México, D.F., 01730
t. (5255) 5635 3442 / 3403 / 3417
Showroom: Cerrada de Monte Líbano 16 B,
Col. Lomas de Chapultepec, México, D.F., 11000
t. (5255) 5520 3336 / 3993 • eclectica@prodigy.net.mx • www.eclectica-sa.com

alfonso lópez baz • javier calleja
Grupo LBC
Av. Prolongación Paseo de la Reforma 61, torre B, piso 2, Col. Paseo de las Lomas, México, D.F., 01330
t. (5255) 2591 1058 / 61 / 62
lbcarqs@prodigy.net.mx

juan salvador martínez • luis martín sordo
Martínez - Sordo
Showroom: Insurgentes Sur 1614, México, D.F., 01900
t. (5255) 5568 8142 / 8150 / 8157
contact@martinez-sordo.com • www.martinez-sordo.com

gina parlange pizarro
Asesoría y Diseño de Interiores
Camino a Toluca 729, Col. Lomas Virreyes, México, D.F.
t. (5255) 5520 9920 • f. (5255) 5202 4490
gparlange@mac.com • www.adi.com.mx

alejandra prieto • cecilia prieto
Dupuis
Palmas 240, Col. Lomas de Chapultepec, México, D.F., 11000
t. • f. (5255) 5595 6564
cpmg@dupuis.com.mx • aprieto@dupuis.com.mx • www.dupuis.com.mx

antonio rueda ventosa
Art Arquitectos
Paseo de la Reforma 2608-1410, Col. Lomas Altas, México, D.F., 11950
t. (5255) 2591 9915 / 14 / 9862 / 63 • f. (5255) 2591 9864
antoniorueda@art.com.mx • www.art.com.mx

javier **valenzuela** • fernando **valenzuela** • guillermo **valenzuela**
Terrés
Av. Vasco de Quiroga 3800-529, Centro Comercial Santa Fe, México, D.F., 05109
t. (5255) 5570 3655 / 5261 1004
www.terres.com.mx

andrea **vincze**
Arquitectura e Interiores
Eugenio Sue 112-4, Col. Polanco, México, D.F., 11560
t. (5255) 5280 3808
andreavincze@mac.com • www.andreavincze.com

colaboradores collaborators

MARIANGEL ÁLVAREZ Y COVADONGA HERNÁNDEZ, Casa Bosque Real, PROYECTO DE DISEÑO DE INTERIORES: Marqcó Diseño, PROYECTO ARQUITECTÓNICO: Alex Carranza y Gerardo Ruiz, COLABORADOR: Maira Santos. Casa Valle Escondido, PROYECTO DE DISEÑO DE INTERIORES: Marqcó Diseño, COLABORADOR: Maricarmen Azuara. Casa Valle de Bravo, PROYECTO DE DISEÑO DE INTERIORES: Marqcó Diseño, PROYECTO ARQUITECTÓNICO: Genaro Nieto, COLABORADOR: Sandra Ocampo. **JUAN CARLOS AVILES IGUINIZ,** Casa Tabachines y Casa Framboyanes, PROYECTO DE DISEÑO DE INTERIORES Y ARQUITECTÓNICO: Arq. Juan Carlos Aviles Iguiniz, COLABORADORES: Arq. Daniel Ponce Hume y Arq. Rodrigo Capistrán Sánchez. **FÉLIX BLANCO MARTÍNEZ,** Casa Sosa Coyoacán, PROYECTO DE DISEÑO DE INTERIORES Y ARQUITECTÓNICO: Arq. Félix Blanco Martínez, COLABORADORES: D.I. Gabriela Ibarra de Blanco, Arq. Patricia Suárez López, Arq. Beatriz Fernández Vázquez, Arq. José Luis Ruano e Ing. David Graniel Graniel. **ALEJANDRO COETO GARCÍA Y SALVADOR NAVA VILLARREAL,** Departamento Tamarindos, PROYECTO ARQUITECTÓNICO: Arq. Salvador Nava Villarreal, PROYECTO DE DISEÑO DE INTERIORES: Tatiana Zedeño. Departamento Altus, PROYECTO ARQUITECTÓNICO: Arq. Salvador Nava Villarreal, PROYECTO DE DISEÑO DE INTERIORES: D.T. Verónica Velasco. **FERNANDO DE HARO, JESÚS FERNÁNDEZ, OMAR FUENTES Y BERTHA FIGUEROA,** Casa Bosques de Santa Fe, Casa Bosques de las Lomas, Casa Palermo, Casa Bosques de Santa Fe, PROYECTO ARQUITECTÓNICO: Abax. **GINA DIEZ BARROSO DE FRANKLIN,** Residencial Lomas II, PROYECTO DE DISEÑO DE INTERIORES Y ARQUITECTÓNICO: Diarq, COLABORADORES: Gina Diez Barroso de Franklin y Agraz-Gitlin. **ALEJANDRO GARZÓN ABREU Y ALBERTO TORRES HURTADO,** Departamento Romanza, PROYECTO DE DISEÑO DE INTERIORES Y ARQUITECTÓNICO: Arq. Alejandro Garzón Abreu y Arq. Alberto Torres Hurtado, COLABORADOR: Eugenio Muñoz Calderón. **MARIBEL GONZÁLEZ, BLANCA GONZÁLEZ Y AVELINO GONZÁLEZ,** Departamento Palmas y Casa Lomas, PROYECTO DE DISEÑO DE INTERIORES: Maribel González, Blanca González y Avelino González. Casa Iglesia, PROYECTO DE DISEÑO DE INTERIORES: Maribel González, Blanca González y Avelino González. **MARCO POLO HERNÁNDEZ B. Y LEONOR MASTRETTA R.,** Casa Jaukens y Casa Orión, PROYECTO ARQUITECTÓNICO: Arq. Marcopolo Hernández B. y Arq. Ángel Chalini. **MÓNICA HERNÁNDEZ SADURNÍ,** Casa Mitikas, PROYECTO DE DISEÑO DE INTERIORES: Mónica Hernández Sadurní, PROYECTO ARQUITECTÓNICO: Arq. Fernando Montes de Oca Pineda, EJECUCIÓN DEL PROYECTO: Ing. Juan Cabrera Aceves. **ALFONSO LÓPEZ BAZ Y JAVIER CALLEJA,** Departamento en Península, PROYECTO ARQUITECTÓNICO: Arq. Alfonso López Baz, Arq. Javier Calleja y Arq. Carlos Majluf, CONSTRUCCIÓN: Arq. José Juan Rivera Río. **JUAN SALVADOR MARTÍNEZ Y LUIS MARTÍN SORDO,** Departamento Frente al Bosque, PROYECTO DE DISEÑO DE INTERIORES Y ARQUITECTÓNICO: Martínez-Sordo, COLABORADORES: Arq. Fernando Arispe, Pilar Peñalver y Adela Rodríguez. **GINA PARLANGE PIZARRO,** Casa Las Hamacas, PROYECTO DE DISEÑO DE INTERIORES: ADI, Asesoría y Diseño de Interiores, PROYECTO ARQUITECTÓNICO: Abax, COLABORADORES: Anna Grendys, Mónica Maza y Pía Cozzi. **ALEJANDRA PRIETO Y CECILIA PRIETO,** Casa Lomas, PROYECTO DE REMODELACIÓN: Estudio Dupuis y Armella Arquitectos, DISEÑO DE INTERIORES: Estudio Dupuis. **ANTONIO RUEDA VENTOSA,** Penthouse Bosques, PROYECTO DE DISEÑO DE INTERIORES Y ARQUITECTÓNICO: Art Arquitectos. **JAVIER VALENZUELA, FERNANDO VALENZUELA Y GUILLERMO VALENZUELA,** Casa Sauces, PROYECTO ARQUITECTÓNICO: Arq. Francisco Guzmán Giraud, Javier Valenzuela, Fernando Valenzuela y Guillermo Valenzuela. PROYECTO DE DISEÑO DE INTERIORES: Muebles Terrés. **ANDREA VINCZE,** Loft en Polanco, PROYECTO DE DISEÑO DE INTERIORES Y ARQUITECTÓNICO: Andrea Vincze. Departamento en Bosques de las Lomas, PROYECTO DE DISEÑO DE INTERIORES Y ARQUITECTÓNICO: Andrea Vincze, COLABORADOR: Héctor Ezrawe.

Primera Edición. Se terminó de imprimir en el mes de agosto del 2008 en China. El cuidado de edición estuvo a cargo de AM Editores S.A. de C.V.

First Edition. Printed in august 2008 in China. Published by AM Editores S.A. de C.V.